KREATIV.INSPIRATION.

Die Reihe für alle DIY-Fans und Handarbeitsbegeisterten,
die tiefer in ein Thema oder eine Technik
einsteigen wollen und die nach Inspiration suchen.
Entdecken Sie die Ideenreihe mit einer großen Auswahl
an originellen Projekten und Anleitungen.
Lassen Sie sich inspirieren und werden Sie kreativ!

BACKMISCHUNGEN IM GLAS
BROT & BRÖTCHEN

INHALT

Vorwort 6

Grundanleitung 8

Brot 12

Wickelbrot 14

Kerniges Apfelbrot 16

Walnuss-Maronen-Brot 18

Harissa-Focaccia 20

Pikante Brot-Schnecke 22

Mediterranes Zupfbrot 24

Landbrot 26

Rosinen-Butter-Stuten 28

Chia-Sonnenblumen-Amaranth-Brot 30

Roggenknäckebrot 32

Stockbrot 34

Brötchen	36
Schoko-Milchbrötchen	38
Müsli-Stangen	40
Kräuter-Brioches	42
Eiweiß-Fitness-Brötchen	44
Low-Carb-Brötchen mit Kokosmehl	46
Vital-Kanten	48
Dinkel-Kartoffelmehl-Brötchen	50
Buchweizen-Amaranth-Ecken	52
Oatmeal-Scones	54
Erdnuss-Marmeladen-Schnecken	56
Zwiebel-Haselnuss-Stangen	58

Vorlagen	60
Buchtipps	62
Impressum	64

BACKMISCHUNGEN IM GLAS – DAS IDEALE GESCHENK!

Etwas selbst Gemachtes ist immer ein schönes Mitbringsel. Und warum nicht einmal eine Brotbackmischung verschenken? Mit einer schönen Verzierung und dem beigefügten Rezept zum Selberbacken wird aus einem Glas ein tolles Geschenk. Und ob der Beschenkte den Inhalt backt oder das gefüllte Glas als Dekoration verwendet, bleibt ihm selbst überlassen.

In diesem Buch finden Sie viele bezaubernde Ideen für Backmischungen im Glas. Ob saftiges Apfelbrot oder krosses Knäckebrot, ob Brötchen süß oder pikant: Für jeden ist hier das Richtige dabei. Lassen Sie sich von den kreativen Möglichkeiten überraschen. Und wenn Sie Lust haben, die Rezepte nicht nur zu verschenken, sondern selbst nachzubacken – dann tun Sie das einfach!

Wir wünschen Ihnen viel Freude beim Gläser befüllen, verschenken oder beim selbst Verkosten!

Anne Iburg

und

Susanne Pypke

Die Backrezepte und Vorlagen zu diesem Buch stehen im **TOPP Download-Center** unter **www.topp-kreativ.de/digibib** nach erfolgter Registrierung zum Ausdrucken bereit. Den Freischaltcode finden Sie im Impressum.

GRUNDANLEITUNG

GRUNDANLEITUNG

Backmischungen einfüllen

Bevor Sie die Zutaten einfüllen, sollten Sie das Glas gründlich reinigen: Am besten vorher einmal in die Spülmaschine stellen.

Füllen Sie die Zutaten immer in der in der Anleitung vorgegebenen Reihenfolge ein. Grundsätzlich wird jede Schicht angedrückt, bevor die nächste eingefüllt wird. Dies tun Sie am besten mit dem Stößel eines Mörsers oder einem Kochlöffel. Klopfen Sie das Glas immer wieder vorsichtig auf die Arbeitsfläche, damit sich die Zutat gleichmäßig verteilt. Zum Schluss ebnen Sie den Rand mit dem Stielende eines Kochlöffels, damit saubere Übergänge möglich werden. Bevor Sie die nächste Zutat einfüllen, bietet es sich an, das Glas innen nochmals mit einem Stück Küchenpapier zu säubern. Gerade Mehl hinterlässt Spuren, die später als Schleier von außen zu sehen sind.

Achten Sie darauf, dass Sie die Zutaten stets bis zum oberen Rand des Glases einfüllen. So sorgen Sie dafür, dass der Inhalt des Glases zusätzlich auch durch den Deckel gestützt wird und sich die verschiedenen Schichten beim Transport nicht vermischen können.

Haltbarkeit der Backmischung

Da die Backmischungen aus trockenen Zutaten bestehen, sind Sie in der Regel einige Zeit haltbar. Allerdings ist die Haltbarkeit abhängig von den jeweiligen Einzelzutaten, die sich im Glas befinden. Prüfen Sie, welche Haltbarkeitszeiten auf den Verpackungen angegeben sind, und orientieren Sie sich bei der Berechnung der Gesamthaltbarkeit an dem nächstliegenden Datum.

Die Gläser

In diesem Buch finden je nach Volumen der unterschiedlichen Backmischungen verschiedene WECK-Gläser Verwendung. Grundsätzlich können jedoch alle handelsüblichen Einmachgläser eingesetzt werden. Wichtig ist nur, dass die Gläser gut verschlossen werden können.

Die Modelle sind in Schwierigkeitsgrade unterteilt:

- ● ● ● – schnell und einfach
- ● ● ● – braucht etwas länger
- ● ● ● – für Geübte

BROT

WICKELBROT

mit frischer Füllung

Einfüllen

Roggenmehl, Kürbiskerne, Kamut-Vollkornmehl, Trockenhefe, Sauerteigextrakt, Salz und Zucker nacheinander in das Glas einfüllen und die einzelnen Zutaten jeweils mit einem Kochlöffel andrücken. Das Glas verschließen und dann verzieren.

Für die Füllung weiche Butter schaumig rühren. Die fein gehackten Kräuter mit einer Gabel in die Butter drücken. Salzen und in ein separates Glas füllen.

Verzieren

1 Die Vorlage für den Anhänger auf Packpapier drucken. Dazu das Packpapier mit Klebefilm auf ein A4-Papier kleben und dieses in den Papierschacht des Druckers legen.

2 Die Ranken und den Schriftzug mit weißem Gelschreiber nachziehen. Das Motiv ausschneiden, auf weißen Tonkarton kleben und mit einem 3 mm breiten Rand ausschneiden. An der Markierung die Öse anbringen. Den Anhänger mit dem Jute- und Satinband um das Glas binden.

3 Für den Deckel einen Packpapierkreis (ø 7,5 cm) auf weißen Tonkarton kleben und mit 3 mm breitem Rand ausschneiden. Eine Blüte in den weißen Tonkarton stanzen, mit dem Kreisstanzer ausstanzen und mit Abstandsklebepads auf den Packpapierkreis kleben. Mittig auf den Glasdeckel kleben.

Backen

1 Die Backmischung mit Öl, Wasser und Bier verrühren und 3 Minuten kräftig schlagen. Den Teig mit den Händen etwa 10 Minuten kneten, dann zu einer Kugel formen und in eine bemehlte Schüssel legen. Zugedeckt etwa 3 Stunden warm ruhen lassen, bis sich das Volumen verdoppelt hat.

2 Den Teig zu einem Quadrat von 30 cm ausrollen. Die Füllung darauf streichen, dabei ringsum einen etwa 2 cm breiten Rand lassen. Den Teig aufrollen und mit der Naht nach unten auf ein mit Backpapier ausgelegtes Backblech setzen. Von oben im Abstand von 1 cm den Teig tief ein-, aber nicht durchschneiden. Die entstandenen Teigscheiben abwechselnd nach rechts und nach links auseinanderschieben. Das Brot zugedeckt etwa 2 Stunden warm ruhen lassen, bis sich das Volumen verdoppelt hat.

3 Den Backofen auf 200 °C vorheizen und auf der mittleren Schiene etwa 35 Minuten goldbraun backen. Auf einem Kuchengitter auskühlen lassen.

ZUTATEN

Für 1 Brot

Weck-Sturzglas (580 ml)

150 g Roggenmehl (Type 1150)

30 g gehackte Kürbiskerne

200 g Kamut-Vollkornmehl

1/2 Päckchen Trockenhefe

15 g getrockneter Sauerteigextrakt

1 TL Salz

1 TL Zucker

FÜR DIE FÜLLUNG

65 g weiche Butter

50 g frisch gehackte Kräuter (z. B. Petersilie, Schnittlauch, Dill)

1/2 TL Salz

ZUM BACKEN

4 EL Rapsöl

200 ml warmes Wasser

100 ml warmes Bier

MATERIAL

Packpapier in Braun, A5

Klebefilm

Druckerpapier, A4

Gelschreiber in Weiß

Tonkarton in Weiß, A5

Metallöse in Silber, ø 5 mm

Jutekante in Natur, 1 cm breit, 90 cm lang

Satinband in Weiß, 6 mm breit, 15 cm lang

Stanzer „Blüte", ø 2,5 cm

Stanzer „Kreis", ø 3,75 cm

Abstandsklebepads, 2 mm stark

doppelseitiges Klebeband

VORLAGE

Seite 60

ZUTATEN

Für 1 Brot

Weck-Sturzglas (850 ml)

100 g getrocknete Apfelringe (soft)

150 g Weizenmehl (Type 550)

150 g Roggenmehl (Type 1150)

15 g getrockneter Sauerteigextrakt

1/2 Päckchen Trockenbackhefe

50 g verschiedene Kerne, z. B. Sonnenblumen-, Pinien- und Kürbiskerne

1/2 TL gemahlener Koriander

2 TL Chiasamen

1/2 TL Salz

ZUM BACKEN

330 ml warmes Wasser

2 EL Wasser zu Bestreichen

MATERIAL

kleiner Apfel

Acrylfarbe in Hellgrün

Schreibpapier in Weiß, A4

dünner Graupapperest

Tonkartonrest in Hellgrün

Öse in Kupfer, ø 5 mm

Labelmaker mit Band in Schwarz, 9 mm breit

Satinband in Weiß, 3 mm breit, ca. 60 cm lang

Chiffonband in Grün, 2 cm breit, 50 cm lang

doppelseitiges Klebeband in Transparent

● ● ○

Einfüllen

Die Apfelringe klein schneiden. Beide Mehlsorten, Sauerteigextrakt und Trockenbackhefe sowie Kerne, Apfelstücke, Koriander, Chiasamen und Salz nacheinander in das Glas füllen und dabei die einzelnen Zutaten jeweils mit einem Kochlöffel andrücken. Das Glas verschließen und dann verzieren.

Verzieren

1. Den Apfel halbieren, eine Hälfte mit Acrylfarbe bemalen und auf das Schreibpapier drucken. Den Abdruck nach dem Trocknen mit einem schmalen weißen Rand ausschneiden.

2. Die Kontur des ausgeschnittenen Apfels auf der Graupappe anzeichnen und mit einem schmalen Rand ausschneiden. Den Stiel und den Blütenansatz frei mit der Hand aus dem grünen Tonkarton ausschneiden.

3. Stiel und Blütenansatz hinter den gestempelten Apfel und diesen auf den grauen Apfel kleben. Oben die Öse anbringen. Mit dem Labelmarker „Kerniges Apfelbrot" schreiben und die Label auf den Apfel kleben. Die Bänder mit doppelseitigem Klebeband um das Glas binden und den Apfel mit einer Schleife daran befestigen.

Backen

1. Die Backmischung mit lauwarmem Wasser mithilfe von Knethaken zu einem glatten Teig verarbeiten. Den Teig zugedeckt an einem warmen Ort so lange gehen lassen, bis er sich sichtbar vergrößert hat.

2. Eine Kastenform (20 x 11 cm) fetten. Backofen auf 180 °C vorheizen.

3. Den Teig in die Form geben und zugedeckt an einem warmen Ort so lange gehen lassen, bis er sich sichtbar vergrößert hat. Oberfläche mit Wasser bestreichen und auf mittlerer Schiene etwa 45 Minuten backen. Das Brot aus der Form lösen und auf einem Kuchenrost erkalten lassen.

WALNUSS-MARONEN-BROT

mit Vollkorn-Power

Einfüllen

Die drei Mehlsorten, Sauerteigextrakt und Trockenbackhefe sowie Salz, Zucker, Walnüsse und Maronen nacheinander in das Glas füllen und dabei die einzelnen Zutaten jeweils mit einem Kochlöffel andrücken. Das Glas verschließen und dann verzieren.

Verzieren

1 Mithilfe der Vorlage das Korkpapier zuschneiden. Das Kork-Oval auf das dunkle Schreibpapier kleben und mit der Zackenrandschere ausschneiden. Auf das helle Papier aufkleben und ebenso ausschneiden.

2 Aus dem dunklen Papier einen 3 cm breiten und 29,7 cm langen Streifen zuschneiden, mit Klebefilm um die Flasche kleben. Am Oval rechts und links eine Öse anbringen und das Oval mit dem Satinband um die Flasche binden.

3 Mit dem Labelmaker den Text schreiben und auf das Etikett kleben.

Backen

1 Die Backmischung mit erwärmter Buttermilch vermischen und mithilfe von Knethaken etwa 5 Minuten kneten. Den Teig an einem warmen Ort zugedeckt so lange gehen lassen, bis er sich sichtbar vergrößert hat.

2 Eine runde Brotform (ø 23 cm) fetten. Den Backofen auf 200 °C vorheizen. Den Teig in der Form glatt verstreichen und zugedeckt nochmal so lange gehen lassen, bis sich der Teig sichtbar vergrößert hat.

3 Das Brot etwa 40 Minuten auf der unteren Schiene backen. Herausnehmen, kurz in der Form stehen lassen, dann erst aus der Form lösen und auf einem Kuchenrost erkalten lassen.

ZUTATEN

Für 1 Brot

Weck-Saftflasche (1 l)

200 g Kamut- oder Emerichvollkornmehl

250 g Roggenvollkornmehl

50 g Weizenmehl (Type 550)

15 g getrockneter Sauerteigextrakt

1/2 Päckchen Trockenhefe

1 TL Salz

2 EL Zucker

75 g grob gehackte Walnüsse

75 g gehackte gekochte Maronen

ZUM BACKEN

500 ml Buttermilch

MATERIAL

Korkpapier in Natur, A5

Schreibpapier in Mittelblau, A4

Zackenrandschere

Schreibpapier in Hellblau, A5

Klebefilm

2 Metallösen in Kupfer, ø 8 mm

Satinband in Grünblau, 7 mm breit, 50 cm lang

Labelmaker mit Band in Schwarz, 9 mm breit

VORLAGE

Seite 60

Einfüllen

Nacheinander 85 g Mehl, 1,5 EL Harissa, 80 g Mehl, 35 g Maisgrieß, 80 g Mehl, 1,5 EL Harissa und 80 g Mehl einfüllen. Hefe, Zucker und Salz hinzufügen und mit 40 g Maisgrieß abschließen. Die einzelnen Zutaten jeweils mit einem Kochlöffel andrücken. Das Glas verschließen und dann verzieren. Wer das Brot etwas milder möchte, füllt statt jeweils 1,5 EL Harissa jeweils 1,5 TL der Würzmischung ein.

ZUTATEN
Für 8 Stück

Weck-Zylinderglas (600 ml)

325 g Weizenmehl (Type 405)

3 TL oder 3 EL getrocknetes Harissa

75 g Maisgrieß

1 Päckchen Trockenhefe

1 TL Zucker

1/2 TL Salz

ZUM BACKEN
220 ml lauwarmes Wasser

3 EL Olivenöl

1 geh. EL Schwarzkümmel

100 g gehobelter Parmesan

MATERIAL
Bakers Twine in Rot-Weiß, 20 cm lang

Geschenkanhänger, rund mit Wellenrand, in Weiß, ø 3 cm

Siegelwachs in Rot

Metallknopf, ø 1,5–2 cm

Schreibpapier in Rot, A4

Papierrest in Grün

Buchstaben-Stempelset, 1,2 cm hoch

Stempelkissen in Weiß

VORLAGE
Seite 60

Verzieren

1. Das Bakers Twine doppelt legen und auf dem Geschenkanhänger platzieren. Das Siegelwachs darüber schmelzen. Den Metallknopf in das geschmolzene Wachs eindrücken und wieder abnehmen.

2. Mithilfe der Vorlage zwei Chilischoten aus den Papierresten ausschneiden und zusammenkleben. An die Fadenenden des Anhängers kleben.

3. Aus dem roten Papier einen 2,5 cm breiten und 23 cm langen Streifen ausschneiden. Den Text aufstempeln. Die Banderole um die Flasche kleben und den Anhänger darauf anbringen.

Backen

1. Wasser und Olivenöl zur Backmischung geben und alles mit Knethaken in etwa 5 Minuten zu einem glatten Teig verarbeiten. Teig zugedeckt an einem warmen Ort so lange gehen lassen, bis er sich sichtbar vergrößert hat.

2. Den Backofen auf 180 °C vorheizen. Den Teig auf einem mit Backpapier ausgelegten Backblech (40 x 30 cm) ausrollen. Gleichmäßig mit Parmesan und Kreuzkümmel bestreuen. Teig nochmals an einem warmen Ort so lange gehen lassen, bis er sich sichtbar vergrößert hat.

3. Mit einer Teigkarte die Teigplatte in 8 gleich große Stücke einteilen und auf mittlerer Schiene ca. 25 Minuten backen.

PIKANTE BROT-SCHNECKE

mit mediterraner Füllung

Einfüllen

Nacheinander 100 g Weizenmehl, 25 g Hanfmehl, 100 g Weizenmehl und wieder 25 g Hanfmehl einfüllen. Hefe, Zucker und Salz zugeben und mit 100 g Weizenmehl abschließen. Die einzelnen Zutaten jeweils mit einem Kochlöffel andrücken. Das Glas verschließen und dann verzieren.

Für die Füllung Tomaten grob hacken. Frühlingszwiebeln waschen, putzen und in Ringe schneiden. Beides zusammen mit den Chiliflocken unter den Frischkäse rühren und in ein separates Glas füllen.

ZUTATEN

Für 1 Brot
Weck-Saftflasche (500 ml)
300 g Weizenmehl (Type 405)
50 g Hanfmehl
1 Päckchen Trockenhefe
1 TL Zucker
1 TL Salz

FÜR DIE FÜLLUNG

100 g getrocknete Tomaten in Öl
2 Frühlingszwiebeln
200 g Doppelrahmfrischkäse
1/2 TL Chiliflocken

ZUM BACKEN

200 ml Wasser
4 EL Olivenöl

MATERIAL

Designpapier in Hellblau mit roten Punkten, 3 cm x 26 cm
Vichykaropapier in Hellblau-Weiß, 5 cm x 5 cm
Vichykaropapierrest in Hellblau-Weiß
Buchstaben-Stempelset, 1,2 cm hoch
Stempelkissen in Rot
Schreibpapier in Rot, 5,5 cm x 5,5 cm
Satinband in Rot, 1 cm breit, 35 cm lang
Faden in Rot
Stanzer „Blume", ø 1,5 cm
Bürolocher

Verzieren

1. Den Designpapierstreifen um das Glas kleben. Das karierte Papier auf den oberen zwei Dritteln bestempeln und auf das rote Papier kleben.

2. Für die Schleife ein 3 cm langes Stück Satinband abschneiden. Das restliche Band doppelt legen. 3 cm vom doppelt gelegten Ende entfernt mit dem Faden abbinden, sodass eine Schlaufe entsteht. Die Schlaufe flach auf das Band drücken, sodass sie mittig über der abgebundenen Stelle liegt. Das 3 cm lange Bandstück mittig umlegen und die Enden auf der Rückseite festkleben.

3. Das Textschild und die Schleife auf der Banderole anbringen. Ein paar Blumen aus den Papierresten ausstanzen, mittig je einen mit dem Bürolocher ausgestanzten Kreis aufkleben. Auf das Glas kleben.

Backen

1. Wasser und Olivenöl zur Backmischung geben. Mithilfe von Knethaken in etwa 5 Minuten zu einem Teig verarbeiten. Den Teig an einem warmen Ort zugedeckt so lange gehen lassen, bis er sich sichtbar vergrößert hat.

2. Den Teig zu einem Rechteck (30 cm x 40 cm) ausrollen. Die Füllung darauf verstreichen. Den Teig zu einer Rolle aufrollen und dann als Schnecke auf ein mit Backpapier ausgelegtes Backblech setzen.

3. Den Backofen auf etwa 200 °C vorheizen. Das Brot etwa 35 Minuten auf der unteren Schiene backen. Herausnehmen und auf einem Kuchenrost erkalten lassen.

ZUTATEN

Für 1 Brot
Weck-Schmuckglas (560 ml)
250 g Weizenmehl (Type 405)
15 g Weizenkleie
125 g Weizenvollkornmehl
1 Päckchen Trockenhefe
1 Prise Zucker
1/2 TL Salz

FÜR DIE FÜLLUNG
80 g getrocknete Tomaten in Öl
80 g entsteinte schwarze Oliven
1/2 Bund frisches Basilikum
50 g Frischkäse

ZUM BACKEN
250 ml Wasser
2 EL Olivenöl

MATERIAL
Motivkarton Vichykaro in Rot-Weiß, A5
Geschenkanhänger, rund mit Wellenrand, in Weiß, ø 5 cm
Schreibpapier in Weiß, A4
feiner Filzstift in Rot
Lochzange
Bakers Twine in Rot-Weiß

VORLAGE
Seite 60

Einfüllen

Nacheinander 125 g Weizenmehl, 15 g Kleie, 125 g Weizenvollkornmehl, Hefe, Zucker, und Salz in das Glas geben. Mit 125 g Weizenmehl abschließen. Die einzelnen Zutaten mit einem Kochlöffel andrücken. Das Glas verschließen und dann verzieren.

Tomaten und Oliven grob hacken. Basilikumblätter von den Stängeln zupfen, waschen, trockentupfen und in feine Streifen schneiden. Alles mit dem Frischkäse verrühren und in ein separates Glas füllen.

Verzieren

1. Aus dem Motivkarton je einen Kreis mit 4,5 cm und mit 6 cm Durchmesser ausschneiden. Den kleinen Kreis auf den Anhänger kleben.

2. Die Vorlage auf das weiße Papier drucken. Den Text mit dem roten Filzstift nachziehen. Den Kreis ausschneiden und auf den Anhänger kleben.

3. Den Anhänger lochen und mit dem Bakers Twine um das Glas knoten. Den großen Karokreis oben auf den Deckel kleben.

Backen

1. Die Backmischung mit Wasser und Olivenöl zu einem Teig verkneten. Den Teig an einem warmen Ort zugedeckt so lange gehen lassen, bis er sich sichtbar vergrößert hat.

2. Den Teig zu einem Rechteck 30 cm x 40 cm aufrollen. Die Füllung darauf verstreichen. Den Teig in 7 cm große Quadrate schneiden. Diese auf der Arbeitsfläche in Stapel von je 5 Scheiben aufschichten. Die Teigstapel anschließend senkrecht in einer Kastenform (25 cm x 11 cm) aneinanderstellen, sodass die Form ausgefüllt wird. Erneut gehen lassen.

3. Den Backofen auf 200 °C vorheizen. Das Brot etwa 35 Minuten auf der unteren Schiene backen. Herausnehmen und auf einem Kuchenrost erkalten lassen.

LANDBROT

fein gewürzt

ZUTATEN
Für 1 Brot

Weck-Sturzglas (850 ml)

200 g Dinkelvollkornmehl

200 g Weizenmehl (Type 550)

150 g Roggenmehl (Type 1150)

1 Päckchen Trockenhefe

1 TL Salz

1 TL Zucker

1 TL Brotgewürz (Koriander, Anis, Kümmel und Fenchel)

ZUM BACKEN
350 ml lauwarmes Wasser

MATERIAL
Packpapier, A5

Klebefilm

Schreibpapier in Weiß, A4

Gelschreiber in Weiß

Washi-Tape in Grün-Weiß gemustert

Tonkartonrest in Hellgrün

Zackenrandschere

Metallöse in Silber, ø 5 mm

Satinband in Hellgrün, 4 mm breit, 50 cm lang

VORLAGE
Seite 60

Einfüllen

Nacheinander das Dinkelvollkornmehl, das Weizenmehl und das Roggenmehl in das Glas füllen. Mit Trockenhefe, Salz und Zucker sowie Brotgewürz abschließen. Dabei die einzelnen Zutaten jeweils mit einem Kochlöffel andrücken. Das Glas verschließen und dann verzieren.

Verzieren

1 Die Vorlage für den Anhänger auf Packpapier drucken. Dazu das Packpapier mit Klebefilm auf ein A4-Papier kleben und dieses in den Papierschacht des Druckers legen.

2 Den Text auf dem Packpapier mit dem Gelschreiber nachschreiben und den Kreis durch beide Papierlagen ausschneiden. Aus dem Packpapier den Textstreifen ausschneiden.

3 Den Papierkreis mit dem Washi-Tape bekleben, dann den Textstreifen mittig aufkleben. Den Kreis auf weißes Schreibpapier aufkleben und mit einem schmalen Rand ausschneiden. Anschließend auf den grünen Tonkarton aufkleben und mit der Zackenrandschere ausschneiden.

4 Eine Öse einschlagen und den Anhänger mit dem Satinband um das Glas binden.

Backen

1 Die Backmischung mit dem Wasser zu einem Teig verkneten. Den Teig zugedeckt an einem warmen Ort so lange gehen lassen, bis er sich sichtbar vergrößert hat.

2 Den Teig auf einer bemehlten Arbeitsfläche gut durchkneten und nochmals zugedeckt so lange gehen lassen, bis er sich sichtbar vergrößert hat. Backblech mit Backpapier belegen.

3 Den Backofen auf 200 °C vorheizen. Teig nochmals gut durchkneten und zu einem großen runden Laib formen, auf das Backblech legen und zugedeckt so lange gehen lassen, bis er sich sichtbar vergrößert hat.

4 Den Brotlaib mit Wasser bestreichen, mit etwas Mehl bestreuen, dekorativ mit einem Messer einschneiden und ca. 30 Minuten backen.

ROSINEN-BUTTER-STUTEN

himmlisches Frühstücksbrot

SONN TAGS STU TEN

ZUTATEN

Für 1 Brot

Weck-Saftflasche (500 ml)

250 g Weizenmehl (Type 405)

30 g Haferkleie

1 Päckchen Trockenhefe

2 TL Zucker

1/4 TL Salz

100 g Rosinen

ZUM BACKEN

130 ml Milch

30 g Butter

1 Ei

MATERIAL

Mini-Tüte aus Kraftpapier, 8,5 cm x 6,3 cm

Buchstaben-Stempelset, 1,2 cm hoch

Embossing-Stempelkissen in Farblos

Embossing-Pulver in Gold

Washi-Tape in Gold und Gold-Weiß gestreift

Webband in Natur, 1 cm breit, ca. 50 cm lang

Foldback-Klammer in Gold, 1,5 cm breit

Einfüllen

Mehl, Haferkleie, Trockenhefe, Zucker und Salz sowie Rosinen nacheinander in das Glas füllen und dabei die einzelnen Zutaten jeweils mit einem Kochlöffel andrücken. Das Glas verschließen und dann verzieren.

Verzieren

1. Die Tüte schließen und unterhalb der Klappe die Position der Textzeilen mit Bleistift markieren. Den Text aufstempeln, das Embossing-Pulver auf die noch feuchte Stempelfarbe streuen und überschüssiges Pulver abklopfen. Über dem Toaster erhitzen, bis das Pulver schmilzt.

2. Die Bleistiftlinien ausradieren. Den Text unten und an den Seiten mit dem gestreiften Washi-Tape rahmen, die Klappe mit Washi-Tape in Gold bekleben. Nach Wunsch das Backrezept oder einen kleinen Gruß in die Tüte geben.

3. Das Webband um die Flasche knoten und den Anhänger mit der Foldback-Klammer anbringen.

Backen

1. Die Milch erwärmen und die Butter darin zerlassen. Zusammen mit dem Ei zur Backmischung geben. Mithilfe von Knethaken zu einem glatten Teig verarbeiten. Den Teig zugedeckt so lange an einem warmen Ort gehen lassen, bis er sich sichtbar vergrößert hat.

2. Eine Kastenform (20 cm x 11 cm) fetten und mehlen. Teig noch einmal gut durchkneten und zu einer 20 cm langen Rolle formen. Den Teig in die Kastenform geben und zugedeckt so lange gehen lassen, bis er sich sichtbar vergrößert hat.

3. Den Teig mit Milch bestreichen und der Länge nach etwa 4 cm tief einschneiden. Im auf 200 °C vorgeheizten Backofen auf unterer Schiene ca. 40 Minuten backen. Den fertigen Rosinen-Stuten etwa 10 Minuten auf einem Kuchengitter stehen lassen. Dann mit einem Messer lösen, aus der Form stürzen und erkalten lassen.

Chia-Sonnenblumen-Amaranth-Brot

gibt volle Vital-Power

FÜHL-GUT-BROT

ZUTATEN	MATERIAL
Für 1 Brot	Schreibpapier in Gelb, A4
WECK-Saftflasche (1 l)	Klebefilm
300 g Dinkelvollkornmehl	Druckerpapier in Weiß, A4
25 g Amaranth, gepoppt	Tonkartonrest in Dunkelgelb
70 g Sonnenblumenkerne	Gelschreiber in Weiß
100 g Dinkelmehl (Type 630)	Stoffband in Gelb, 2,5 cm breit, 20 cm lang
1 Päckchen Weinsteinbackpulver	**VORLAGE**
1 TL Salz	Seite 60
1/4 TL Brotgewürz	
3 EL Chiasamen	
ZUM BACKEN	
400 ml Wasser	

Einfüllen

Nacheinander 100 g Dinkelvollkornmehl, 15 g Amaranth, 100 g Dinkelvollkornmehl, 10 g Amaranth und 100 g Dinkelvollkornmehl in das Glas füllen. Sonnenblumenkerne, 50 g Dinkelmehl, Backpulver, Salz und Brotgewürz darauf geben und mit Chiasamen und 50 g Dinkelmehl abschließen. Dabei die einzelnen Zutaten jeweils mit einem Kochlöffel andrücken. Das Glas verschließen und dann verzieren.

Verzieren

1 Einen 8 cm breiten und 20 cm langen Streifen des Schreibpapiers abschneiden und in 1 cm breite Ziehharmonikafalten legen. Den gefalteten Stapel rechts und links mit der Schere schräg abschneiden. Mittig falten, die Seiten zur Rosette auffächern und mit Klebefilm zusammenkleben.

2 Das Label ausdrucken, ausschneiden, auf den Tonkarton kleben und mit schmalem Rand ausschneiden. Das Label mittig auf die Rosette kleben. Zwei 2 cm breite und 6 cm lange Papierstreifen an einem Ende v-förmig einschneiden, mit dem Gelstift kleine Punkte aufmalen und die Streifen unten hinter die Rosette kleben.

3 Das Stoffband um den Flaschenhals kleben und die Rosette aufkleben.

Backen

1 Die Backmischung mit Wasser mithilfe von Knethaken zu einem Teig verarbeiten.

2 Backofen auf 200 °C vorheizen. Den Teig in eine eingefettete und bemehlte Kastenform (30 cm x 15 cm) geben.

3 Den Brotlaib ca. 45 Minuten auf unterer Schiene backen und anschließend auf einem Kuchenrost erkalten lassen.

ROGGENKNÄCKEBROT

kernig und knusprig

ZUTATEN

Für 20 Scheiben

Weck-Zylinderglas (600 ml)

100 g Roggenmehl (Type 1150)

100 g feine Haferflocken

80 g Sesam

25 g gehackte Sonnenblumenkerne

25 g gehackte Kürbiskerne

1 TL Salz

1 TL Koriander

ZUM BACKEN

3 EL Rapsöl

300 ml Wasser

MATERIAL

Geschenkanhänger in Weiß, 9,5 cm x 6 cm

Washi-Tape in Blau-Weiß gestreift

Buchstaben-Stempelset, 1,2 mm hoch

Stempelkissen in Pink und Grün

Klebepunkte in Bunt, ø 1–1,5 cm

Baumwollschnur in Beige, ca. 40 cm lang

Verzieren

1. Den Geschenkanhänger entlang der Längskanten mit dem Washi-Tape bekleben. Dann den Text auf den weißen Bereich dazwischen Stempeln.

2. Das Glas nach Belieben mit den bunten Punkten bekleben und den Anhänger mit der Baumwollschnur an das Glas binden.

Backen

1. Die Backmischung in einer Rührschüssel mit Öl und Wasser vermischen. Dann 1 Stunde kaltstellen und quellen lassen.

2. Die Masse dünn auf ein mit Backpapier ausgelegtes Blech streichen. Bei 200 °C Ober-/Unterhitze etwa 15 Minuten backen. Aus dem Ofen nehmen und die „Sollbruchstellen" vorschneiden.

3. Die Backtemperatur auf 175 °C absenken und je nach Dicke 30–45 Minuten fertig backen. Auseinander brechen und auskühlen lassen.

Einfüllen

Mehl, Haferflocken, Sesam, Sonnenblumenkerne und Kürbiskerne, Salz und Koriander nacheinander in das Glas füllen und dabei die einzelnen Zutaten jeweils mit einem Kochlöffel andrücken. Das Glas verschließen und dann verzieren.

STOCKBROT

fürs Lagerfeuer

ZUTATEN
Für 15 kleine Brote
WECK-Sturzglas (580 ml)
350 g Weizenmehl (Type 550)
3 TL getrocknete Kräuter der Provence
1 TL Chiliflocken
1/4 TL Salz
1 Prise Zucker
1/2 Päckchen Trockenhefe

ZUM BACKEN
250 ml lauwarmes Wasser
3 EL Olivenöl
Haselnussstöcke aus dem Garten

MATERIAL
Lederpapierrest in Hellbraun
Buchstaben-Stempelset, 1,2 cm hoch
Stempelkissen in Türkis
Lochzange, ø 2 mm
3 Federn, 2 x in Türkis, 1 x in Weiß
Stickgarn in Beige
Rocailles in Hellblau, Rot, Weiß und Gelb, ca. ø 4 mm
Holzperlen in Natur, ca. ø 6 mm
Klebefilm

VORLAGE
Seite 60

Einfüllen

Mehl mit Kräutern, Chiliflocken, Salz, Zucker und Hefe vermengen und in das Glas füllen. Dabei die Mischung mit einem Kochlöffel andrücken. Das Glas verschließen und dann verzieren.

Verzieren

1. Für den Textanhänger das Wort „Stockbrot" auf das Lederpapier stempeln und mithilfe der Vorlage ausschneiden. Rechts und links ein Loch einstanzen.

2. Die Federn auf die gewünschte Länge kürzen. Ein Stück Stickgarn zur Schlaufe legen und als Aufhängung oben am Schaft der Feder festkleben. Den Schaft mit der Schlaufe etwa 1 cm breit mit Stickgarn umwickeln. Die Enden verknoten und abschneiden.

3. Das Textschild, die Perlen und die Federn auf das Stickgarn aufziehen und um das Glas binden. Das Schild mit Klebefilm fixieren.

Backen

1. Die Backmischung mit Wasser und Öl vermischen. Dann an einem warmen Ort gehen lassen.

2. In der Zwischenzeit etwa 80 cm lange Haselnussstöcke schneiden. Die Stöcke sollten gerade und frei von Ästen sein.

3. Den Teig erneut kneten und in 15 Portionen teilen. Die Teigstücke zu Rollen formen und diese um das vordere Teil des Stockes wickeln.

4. Den Teig über der Glut des Lagerfeuers unter ständigem Drehen ca. 5–10 Minuten backen. Das Brot ist fertig, wenn es sich leicht vom Stock abziehen lässt.

BRÖTCHEN

SCHOKO-MILCHBRÖTCHEN

warm und kalt ein Genuss

ZUTATEN
Für 10 Stück
Weck-Schmuckglas (560 ml)
240 g Weizenmehl (Type 405)
1/2 Päckchen Trockenhefe
1 Prise Salz
30 g Zucker
75 g Vollmilch-Schokoladen-Drops (backstabil)
50 g Haferflocken

ZUM BACKEN
125 ml Milch
30 g Butter
100 g Naturjoghurt

MATERIAL
Designpapier in Weiß-Grün mit Herzen, A4
Schreibpapierrest in Weiß
Zackenrandschere
Satinband in Hellgrün und Grün, 3 mm breit, je ca. 50 cm lang
Schaschlikstäbchen
Satinband in Weiß, 3 mm breit, ca. 25 cm lang

VORLAGE
Seite 60

Verzieren

1. Die Vorlage für den Wimpel auf das Designpapier drucken und ausschneiden. Die Form auf das weiße Schreibpapier übertragen und rundum mit etwas Zugabe mit der Zackenrandschere ausschneiden.

2. An den drei Ecken unten jeweils zwei kurze hellgrüne Bandstücke hinter den gemusterten Wimpel kleben, dann den Wimpel auf den weißen Wimpel kleben.

3. Das Schaschlikstäbchen auf 9,5 cm Länge kürzen und den Wimpel mit dem oberen Ende etwa 1 cm weit um den Stab kleben. Ein hellgrünes und ein grünes Bandstück rechts und links als Aufhängung anknoten. Den Wimpel mit den restlichen Bandstücken an einer Metallklemme des Glasverschlusses festbinden.

Einfüllen

Zuerst das Mehl bis auf einen EL, dann Trockenhefe, Salz und Zucker ins Glas geben und dabei die einzelnen Zutaten jeweils mit einem Kochlöffel andrücken. Dann die Schokoladen-Drops hinzufügen, auf diese die Haferflocken geben und mit 1 EL Mehl abschließen. Das Glas verschließen und verzieren.

Backen

1. Die Milch erwärmen und die Butter darin schmelzen lassen, den Joghurt unterrühren. Die Backmischung dazugeben, erst mit einem Kochlöffel unterrühren, dann mit den Händen zu einen Teig verkneten. Diesen an einem warmen Ort gehen lassen, bis sich das Volumen verdoppelt hat.

2. Mit 2 Esslöffeln vom Teig kleine Portionen (etwas größer als ein Ei) abnehmen und auf ein mit Backpapier ausgelegtes Blech setzen. Mit Milch bestreichen.

3. Auf mittlerer Schiene im vorgeheizten Backofen bei 180 °C backen. Nach etwa 20 Minuten herausnehmen. Sofort noch einmal mit Milch bestreichen, etwas abkühlen lassen und lauwarm oder ausgekühlt genießen.

MÜSLI-STANGEN

delikate Leckereien für Zwischendurch

ZUTATEN

Für 7 Stück

Weck-Sturzglas (850 ml)

250 g Weizenmehl (Type 550)

160 g Früchtemüsli (ohne Zuckerzusatz)

1 Päckchen Trockenhefe

1 EL Zucker

1/2 TL Salz

ZUM BACKEN

120 ml Milch

75 g Butter

50 g Quark

1 Ei

MATERIAL

Korkpapier, selbstklebend, 7 cm x 8 cm

Tafelfolie, selbstklebend, in Schwarz, 7 cm x 8 cm

Kreidemarker in Weiß

Satinband in Hellbraun, 1 cm breit, 50 cm lang

VORLAGE

Seite 61

Verzieren

1. Das Etikett mithilfe der Vorlage ausschneiden: Die äußere Form aus Korkpapier, die innere Form aus Tafelfolie.

2. Die Tafelfolie auf das Korkpapier kleben. Anschließend den Text mit dem Kreidemarker auf das Etikett schreiben.

3. Das Satinband um das Glas knoten. Das Etikett leicht schräg über dem Band auf dem Glas aufbringen und vorsichtig andrücken, damit die Kreidefarbe nicht verwischt.

Einfüllen

125 g Mehl, 80 g Müsli, 125 g Mehl, Hefe, Zucker, Salz und wieder 80 g Müsli nacheinander in das Glas füllen und dabei die einzelnen Zutaten jeweils mit einem Kochlöffel andrücken. Das Glas verschließen und verzieren.

Backen

1. Die Milch erwärmen und die Butter darin schmelzen lassen. Das Milchgemisch, Quark und Ei zur Backmischung geben, erst mit einem Kochlöffel unterrühren, dann mit den Händen zu einen Teig verkneten. Diesen an einem warmen Ort gehen lassen, bis sich sein Volumen verdoppelt hat.

2. Den Teig in 7 Portionen teilen, zu Stangen formen und auf ein mit Backpapier ausgelegtes Blech setzen. Mit einem Messer tiefe Furchen einschneiden und erneut gehen lassen.

3. Auf mittlerer Schiene im vorgeheizten Backofen bei 180 °C etwa 20 Minuten goldbraun backen. Nach Belieben die Müslistangen vor dem Backen in Milch und danach in Haferflocken wenden.

KRÄUTER-BRIOCHES

französische Kleinigkeiten

Einfüllen

Nacheinander 100 g Dinkelmehl, 4 g Kräuter, 50 g Dinkelvollkornmehl, 4 g Kräuter und 80 g Dinkelmehl in das Glas füllen. Hefe, Zucker und Salz hineingeben und mit 50 g Dinkelvollkornmehl abschließen. Dabei die einzelnen Zutaten jeweils mit einem Kochlöffel andrücken. Das Glas verschließen und verzieren.

ZUTATEN
Für 18 Stück
Weck-Saftflasche (500 ml)
180 g Dinkelmehl (Type 603)
8 g getrocknete Salatkräuter
100 g Dinkelvollkornmehl
1/2 Päckchen Trockenhefe
1 TL Zucker
1/2 TL Salz

ZUM BACKEN
120 ml Milch
90 g Butter
1 Ei

MATERIAL
Korkplatte, 2–3 mm stark, 10 cm x 6 cm
Lochzange
Permanentmarker in Schwarz
Labelmaker mit Band in Schwarz, 9 mm breit
Stickgarn in Kupfer
Holzknopf in Natur, ø 1,5 cm

VORLAGE
Seite 61

Verzieren

1 Den Anhänger mithilfe der Vorlage aus Kork ausschneiden und das Loch einstanzen.

2 Mit dem Permanentmarker 2 mm vom Rand entfernt eine feine Linie aufmalen. 1–2 mm innerhalb der Linie eine Strichlinie ergänzen.

3 Mit dem Labelmaker den Text schreiben und schräg auf den Anhänger kleben.

4 Das Stickgarn mehrmals um den Flaschenhals wickeln. Den Anhänger und den Knopf auf die Enden fädeln und diese fest miteinander verknoten.

Backen

1 Die Backmischung mit erwärmter Milch und Butter mithilfe von Knethaken zu einem Teig kneten. Den Teig an einem warmen Ort zugedeckt so lange gehen lassen, bis er sich sichtbar vergrößert hat.

2 Ein Muffinblech fetten. Backofen auf 180 °C vorheizen. Den Teig in 18 große und 18 kleine Kugeln formen. Die kleinen Kugeln etwas spitzer zu Tropfen formen. Die großen Kugeln im Blech platzieren.

3 In jede Teigkugel in der Form mit dem Finger ein Loch bis zum Boden eindrücken. Ei verschlagen, Teigstücke damit bestreichen. Die kleinen Teigtropfen mit der Spitze nach unten einsetzen und andrücken. Die Brioches zugedeckt nochmals so lange gehen lassen, bis sie sich sichtbar vergrößert haben.

4 Auf mittlerer Schiene ca. 20 Minuten backen. Herausnehmen und auf einem Kuchengitter auskühlen lassen.

EIWEISS-FITNESS-BRÖTCHEN

für einen gesunden Start in den Tag

Einfüllen

Nacheinander 100 g Dinkelmehl, Leinsamen, 50 g Dinkelmehl, Backpulver, Natron, Salz, 25 g Kleie, 50 g Dinkelmehl und 25 g Kleie in das Glas füllen. Dabei die einzelnen Zutaten jeweils mit einem Kochlöffel andrücken. Das Glas verschließen und verzieren.

ZUTATEN

Für 8 Stück
Weck-Sturzglas (580 ml)
200 g Dinkelmehl (Type 630)
3 EL Leinsamen
1 TL Backpulver
1/4 TL Natron
1/2 TL Salz
50 g Weizenkleie

ZUM BACKEN
300 g Magerquark
1 Ei

MATERIAL

Schreibpapierrest in Grün
Cardstockpapierrest in Blau
feiner Filzstift in Grün
Buntstift in Grün
Buchstaben-Stempelset, 1,2 cm hoch
Stempelkissen in Jeansblau
Webband in Blau-Weiß gestreift, 1 cm breit, 30 cm lang
doppelseitiges Klebeband

VORLAGE
Seite 61

Verzieren

1. Das kleine Banner aus dem grünen, das große aus dem blauen Papier ausschneiden.

2. Die Innenlinien auf dem grünen Banner mit Filzstift aufmalen und mit Buntstift schattieren. Den Text aufstempeln und trocknen lassen.

3. Die Banner aufeinander kleben. Das Webband und das fertige Banner mit doppelseitigem Klebeband auf dem Glas anbringen.

Backen

1. Die Backmischung mit Quark und Ei erst mit einem Kochlöffel, dann mit den Händen zu einen Teig verkneten.

2. Mit feuchten Händen Brötchen formen und auf ein mit Backpapier ausgelegtes Blech setzen.

3. Auf mittlerer Schiene im vorgeheizten Backofen bei 190 °C backen. Nach etwa 25 Minuten herausnehmen und auskühlen lassen.

LOW-CARB-BRÖTCHEN MIT KOKOSMEHL

bewusst genießen

ZUTATEN

Für 10 Stück

Weck-Schmuckglas (560 ml)

180 g Kichererbsenmehl

50 g Leinsamen

10 g Chiasamen

50 g Haferkleie

75 g Kokosmehl

1 Päckchen Weinstein-Backpulver

1 TL Salz

ZUM BACKEN

100 g Hüttenkäse

100 g Speisequark

5 Eier

1 EL Apfelessig

MATERIAL

Washi-Tape in Grün, Pink, Hellblau und Neongelb, uni und gemustert

Bakers Twine in Blau-Weiß, 80 cm lang

Filzstift in Blau

Geschenkanhänger, rund mit Wellenrand, in Weiß, ø 5 cm

Druckerpapier in Weiß, A4

Labelmaker mit Band in Schwarz, 9 mm breit

Bürolocher

VORLAGE

Seite 61

Einfüllen

Kichererbsenmehl, Leinsamen, Chiasamen, Haferkleie, Kokosmehl, Backpulver und Salz nacheinander in das Glas füllen und dabei die einzelnen Zutaten jeweils mit einem Kochlöffel andrücken. Das Glas verschließen und verzieren.

Verzieren

1   Das Washi-Tape in etwa 4 cm lange Stücke reißen und farblich im Wechsel um das Bakers Twine kleben. Dabei an beiden Enden etwa 10 cm des Garns frei lassen. Das Washi-Tape nach Belieben in Form schneiden.

2   Mit dem Filzstift Punkte rund um den An-

Backen

1. Die Backmischung mit Hüttenkäse, Quark, Eiern und Apfelessig mit einem Kochlöffel, dann mit den Händen, zu einem Teig verkneten.

2. Mit feuchten Händen 10 Brötchen formen und auf ein mit Backpapier ausgelegtes Blech setzen.

3. Auf mittlerer Schiene im vorgeheizten Backofen bei 200 °C etwa 20 Minuten backen.

VITAL-KANTEN

mit Sesam, Mohn und Leinsamen

ZUTATEN
Für 8 Stück
Weck-Saftflasche (500 ml)
200 g Weizenmehl (Type 550)
15 g Quinoa, gepoppt
100 g Weizenvollkornmehl
1/2 Päckchen Trockenhefe
1 TL Zucker
1/2 TL Salz
je 10 g Mohn, Leinsamen, Sesam

ZUM BACKEN
350 g Naturjoghurt
Sesam zum Bestreuen

MATERIAL
Druckerpapier in Weiß, A4
Papierrest in Hellgrau
Cutter und Schneideunterlage
Cardstockpapier in Limettengrün
Geschenkanhänger, rund mit Wellenrand, in Weiß, ø 7 cm
Satinband in Grau, 1 cm breit, 40 cm lang
Foldback-Klammer in Gold, 1,5 cm breit

VORLAGE
Seite 61

Einfüllen

Nacheinander 100 g Weizenmehl, 10 g Quinoa, 50 g Weizenvollkornmehl, 5 g Quinoa, 50 g Weizenmehl, Hefe, Zucker und Salz in das Glas füllen. Anschließend Mohn, 50 g Weizenvollkornmehl, Leinsamen, 25 g Weizenmehl, Sesam und nochmals 25 g Weizenmehl einfüllen. Dabei die einzelnen Zutaten jeweils mit einem Kochlöffel andrücken. Das Glas verschließen und verzieren.

Verzieren

1 Die Vorlage am Computer auf das weiße Papier ausdrucken und ausschneiden. Auf das hellgraue Papier aufkleben und rundum mit einem 1–2 mm breiten Rand ausschneiden. Die Innenseiten mit dem Cutter ausschneiden.

2 Aus dem limettengrünen Papier einen Kreis mit ø 6,5 cm ausschneiden. Geschenkanhänger, Kreis und Textschild aufeinander kleben und mit Band und Klammer an der Flasche anbringen.

Backen

1 Die Backmischung mit Joghurt mit einem Kochlöffel verrühren, dann mit den Händen zu einem Teig verkneten. Das Ganze an einem warmen Ort gehen lassen, bis sich das Volumen sichtbar vergrößert hat.

2 Mit feuchten Händen Brötchen formen und auf ein mit Backpapier ausgelegtes Blech setzen. Erneut gehen lassen. Mit Sesam bestreuen.

3 Auf mittlerer Schiene im vorgeheizten Backofen bei 200 °C backen. Nach etwa 20 Minuten herausnehmen und auf einem Kuchenrost auskühlen lassen.

DINKEL-KARTOFFELMEHL-BRÖTCHEN MIT CRANBERRY

feine Süße zum Frühstück

ZUTATEN

Für 10 Stück

Weck-Zylinderglas (600 ml)

250 g Dinkelvollkornmehl

30 g Sojaflocken

100 g Kartoffelmehl

1 EL brauner Zucker

40 g gehackte, getrocknete Cranberrys

2 TL Natron

1 TL Salz

ZUM BACKEN

250 g Magerquark

50 ml Schlagsahne

50 ml Mineralwasser

MATERIAL

Stoff-Sticker, selbstklebend, in Pink-Weiß gepunktet, 6 cm x 22 cm

feiner Baumwoll-Stoffrest in Weiß, 50 cm x 2,5 cm

Buchstaben-Stempelset, 1,2 cm hoch

Stempelkissen in Schwarz

Satinband in Pink, 1,5 cm breit, 14 cm lang

Verzieren

1 Den Stoff-Sticker um das Glas kleben und den Stoffstreifen probehalber umbinden. Der Knoten befindet sich an der Seite. Die Position für den Text markieren. Wieder abnehmen, den Text aufstempeln und den Streifen um das Glas binden.

2 Für die Schleife auf dem Deckel ein 10 cm langes Stück Satinband zu einem Ring zusammenkleben und flach drücken. Ein 4 cm langes Stück als Schleifenmitte um den Ring legen und auf der Rückseite festkleben. Die Schleife auf den Deckel kleben.

Einfüllen

Dinkelvollkornmehl, Sojaflocken, Kartoffelmehl, Zucker, getrocknete Cranberrys, Natron und Salz nacheinander in das Glas füllen und dabei die einzelnen Zutaten jeweils mit einem Kochlöffel andrücken. Das Glas verschließen und dann verzieren.

Backen

1 Die Backmischung mit Quark, Sahne und Wasser zuerst mit einem Kochlöffel, dann mit den Händen zu einem Teig verkneten.

2 Mit feuchten Händen 10 Brötchen formen und auf ein mit Backpapier ausgelegtes Blech setzen.

3 Auf mittlerer Schiene im vorgeheizten Backofen bei 200 °C etwa 15 Minuten backen.

Buchweizen-Amaranth-Ecken

Genießer-Brötchen

ZUTATEN

Für 10 Stück

Weck-Sturzglas (580 ml)

110 g Weizenmehl (Type 550)

20 g Sojaflocken

100 g Buchweizenmehl

20 g Amaranth, gepoppt

1/2 Päckchen Trockenhefe

1 TL Zucker

1/4 TL Salz

ZUM BACKEN

200 ml Wasser

1 EL Rapsöl

MATERIAL

Druckerpapier in Weiß, A4

Gelschreiber in Gold

Schreibpapierrest in Gold

Designkarton in Weiß-Gold gepunktet, 10 cm x 7 cm

Paketband, 80 cm lang

Foldback-Klammer in Gold, 1,5 cm breit

VORLAGE

Seite 61

Einfüllen

Nacheinander 60 g Weizenmehl, Sojaflocken, 50 g Buchweizenmehl, 10 g Amaranth, 50 g Weizenmehl, Hefe, Zucker, Salz, 10 g Amaranth und 50 g Buchweizenmehl in das Glas geben. Dabei die einzelnen Zutaten jeweils mit einem Kochlöffel andrücken. Das Glas verschließen und dann verzieren.

Verzieren

1. Die Textvorlage auf das weiße Papier ausdrucken und den Text mit dem Gelschreiber nachschreiben. Das Textfeld ausschneiden.

2. Das Textfeld auf ein goldfarbenes Papierrechteck (3,7 cm x 5,6 cm) kleben. Mithilfe der Vorlage den Anhänger aus dem Designkarton ausschneiden und das Textfeld aufkleben.

3. Den fertigen Anhänger mit dem Band und der Foldback-Klammer am Glas anbringen.

Backen

1. Die Backmischung mit lauwarmem Wasser und Öl vermischen und mit den Knethaken eines Rührgerätes zu einem Teig verkneten. Diesen gehen lassen, bis er sein Volumen verdoppelt hat.

2. Ein Backblech mit Backpapier belegen. Mit angefeuchteten Händen aus dem Teig 10 Kugeln formen. Diese auf das Blech setzen und etwas lang ziehen, sodass spitz zulaufende Brötchenenden entstehen. Die Brötchen mit einem scharfen Messer der Länge nach einschneiden und erneut gehen lassen.

3. Im vorgeheizten Backofen bei 180 °C auf mittlerer Schiene ca. 25 Minuten backen.

OATMEAL-SCONES

perfekt zur Tea-Time

ZUTATEN

Für 8 Stück

Weck-Delikatessglas (370 ml)

200 g Weizenmehl (Type 405)

30 g Haferflocken, blütenzart

1/2 Päckchen Backpulver

20 g Zucker

1 Prise Salz

ZUM BACKEN

1 Ei

60 g Butter, sehr weich

125 g Vollmilchjoghurt

1 Eigelb

1 EL Wasser

MATERIAL

dünnes Paketband in Natur, ca. 70 cm lang

Buchstaben-Würfelperlen in Bunt, 5 mm x 5 mm x 5 mm

Schreibpapier in Hellgrün, A4

Geschenkanhänger, rund mit Wellenrand, in Weiß, ø 3 cm

Lochzange

VORLAGE

Seite 61

Verzieren

1. Etwa 10 cm von einem Ende entfernt einen doppelten Knoten in das Paketband binden. Dann die Würfelperlen des ersten Wortes einzeln auf das Paketband fädeln und nach jeder Perle einen doppelten Knoten binden. Den Knoten jeweils beim Festziehen dicht an die letzte Perle schieben.

2. Das Paketband probehalber einmal um das Glas legen und die Position für den ersten Buchstaben des zweiten Wortes markieren. An dieser Stelle wieder mit einem doppelten Knoten beginnen und die Perlen im Wechsel mit doppelten Knoten auffädeln.

3. Die Vorlage auf das grüne Schreibpapier drucken, den Kreis ausschneiden und auf den Geschenkanhänger kleben. Das Loch nachstanzen, dann den Anhänger auf das Band auffädeln und um das Glas knoten.

Einfüllen

Mehl, Haferflocken, Backpulver, Zucker und Salz nacheinander in das Glas füllen und dabei die einzelnen Zutaten jeweils mit einem Kochlöffel andrücken. Das Glas verschließen und dann verzieren.

Backen

1. Die Backmischung mit Ei, Butter in Flöckchen und Joghurt verkneten.

2. Teig auf einer gut bemehlten Arbeitsfläche ca. 2,5 cm dick ausrollen und kreisrunde Plätzchen (ø 7 cm) ausstechen und auf ein mit Backpapier ausgelegtes Blech geben.

3. Eigelb mit 1 EL Wasser verrühren. Scones mit Eigelb bestreichen und im auf 180 °C vorgeheizten Backofen auf der mittleren Schiene ca. 15 Minuten backen.

ERDNUSS-MARMELADEN-SCHNECKEN

mit zartem Safran-Aroma

Einfüllen

Mehl, Erdnüsse, Hefe, Safran, Zucker und Salz nacheinander in das Glas füllen und dabei die einzelnen Zutaten jeweils mit einem Kochlöffel andrücken. Das Glas verschließen und dann verzieren.

Die Marmelade in ein seperates Glas füllen.

Verzieren

1. Die Erdbeeren und das Grün mithilfe der Vorlage ausschneiden. Die große Erdbeere auf den rosa Tonkarton kleben und mit einem 2–3 mm breiten Rand ausschneiden. Das Grün aufkleben.

2. Den Text auf den rosa Tonkarton stempeln. Ausschneiden und auf die Erdbeere kleben. Dabei darf der Text gerne an den Seiten überstehen.

3. Für den Deckel einen Kreis mit ø 6,5 cm aus dem gepunkteten Tonkarton ausschneiden. Eine kleine Erdbeere mit Abstandsklebepads aufkleben und den Kreis auf den Glasdeckel kleben.

4. Das Bakers Twine um das große Glas knoten und die große Erdbeere mit der Wascheklammer aufhängen. Die kleine Erdbeere ebenso am Marmeladeglas anbringen.

ZUTATEN

Für 10 Stück

Weck-Delikatessglas (370 ml)

Miniglas für Marmelade (160 ml)

190 g Weizemehl (Type 405)

25 g gehackte Erdnüsse

1/2 Päckchen Trockenhefe

1 Messerspitze Safran

30 g Zucker

1 Prise Salz

ZUM BACKEN

1 Ei

25 g Erdnussbutter

100 ml Milch

30 g Erdbeermarmelade

MATERIAL

Tonkartonrest in Weiß-Rosa-Grün gepunktet, Rosa und Grün

doppelseitiges Klebeband

Buchstabenstempelset, 1,2 cm hoch

Stempelkissen in Schwarz

Abstandsklebepads, 2 mm stark

Bakers Twine in Rosa-Weiß

2 Mini-Wäscheklammern aus Holz, 3 cm lang

VORLAGE

Seite 61

Backen

1. Die Backmischung mit Ei, Erdnussbutter und lauwarmer Milch verkneten. Zugedeckt an einem warmen Ort gehen lassen, bis sich das Volumen verdoppelt hat.

2. Teig nochmals gut durchkneten und auf einer bemehlten Arbeitsfläche zur Rolle formen. In 10 Stücke schneiden und zu fingerdicken, ca. 15 cm langen Strängen formen. Die Enden leicht zu einer Schnecke eindrehen.

3. Auf ein mit Backpapier ausgelegtes Backblech legen. Zugedeckt an einem warmen Ort nochmals ca. 15 Minuten gehen lassen. Marmelade in die die Mulden setzen.

4. Im auf 200 °C vorgeheizten Backofen ca. 15 Minuten backen.

ZUTATEN

Für 10 Stück

Weck-Saftflasche (1 l)

150 g Roggenmehl (Type 1150)

50 g Röstzwiebeln

300 g Weizenmehl (Type 550)

100 g Roggenvollkornmehl

1/2 Päckchen Trockenhefe

1 TL Zucker

1 TL Salz

15 g getrockneter Sauerteigextrakt

50 g Haselnusskerne

ZUM BACKEN

350 ml Wasser

MATERIAL

Papierrest in Weiß-Gold-Silber marmoriert

Schreibpapierrest in Gold

Gelschreiber in Weiß

Abstandsklebeband, 2 mm stark

Schreibpapier in Silber, A4

VORLAGE

Seite 61

Einfüllen

Nacheinander 150 g Roggenmehl, 25 g Zwiebeln, 150 g Weizenmehl, 25 g Zwiebeln, 100 g Roggenvollkornmehl, 150 g Weizenmehl, Hefe, Zucker, Salz, Sauerteigextrakt und Haselnüsse in das Glas geben. Dabei die einzelnen Zutaten jeweils mit einem Kochlöffel andrücken. Das Glas verschließen und dann verzieren.

Verzieren

1 Das Herz mithilfe der Vorlage aus dem marmorierten Papier zuschneiden, auf goldfarbenes Papier aufkleben und mit einem 2 mm breiten Rand nochmals ausschneiden.

2 Aus dem goldfarbenen Papier 1 cm breite Streifen zuschneiden, mit dem Namen des Brotes beschriften und mit Abstandsklebeband auf das Herz kleben.

3 Von dem silberfarbenen Schreibpapier einen 29,7 cm langen und 1,5 cm breiten Streifen abschneiden und um das Glas kleben. Das Herz auf dem Streifen mit Klebstoff fixieren.

Backen

1 Die Backmischung mit lauwarmem Wasser zu einem Teig verkneten. Diesen gehen lassen, bis er sein Volumen verdoppelt hat.

2 Ein Backblech mit Backpapier belegen. Mit angefeuchteten Händen aus dem Teig 10 Stangen formen und mehrmals um die eigene Achse drehen. Diese auf ein mit Backpapier ausgelegtes Blech setzen und erneut gehen lassen.

3 Im vorgeheizten Backofen bei 200 °C auf mittlerer Schiene ca. 25 Minuten backen.

VORLAGEN

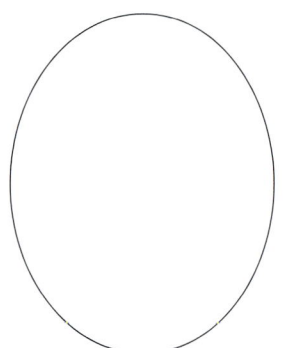

Walnuss-Maronen-Brot
Seite 18/19
Vorlage auf 200% vergrößern

Wickelbrot
Seite 14/15

Harissa-Focaccia
Seite 20/21

Mediterranes Zupfbrot
Seite 24/25

Schoko-Milchbrötchen
Seite 38/39
Vorlage auf 200% vergrößern

Stockbrot
Seite 34/35

Chia-Sonnenblumen-Amaranth-Brot
Seite 30/31

Landbrot
Seite 26/27

Kräuter-Brioches
Seite 42/43
Vorlage auf 200% vergrößern

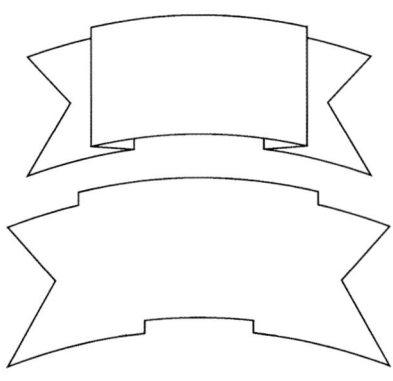

Eiweiß-Fitness-Brötchen
Seite 44/45
Vorlagen auf 200% vergrößern

Low-Carb-Brötchen mit Kokosmehl
Seite 46/47

Zwiebel-Haselnuss-Stangen
Seite 58/59
Vorlage auf 200% vergrößern

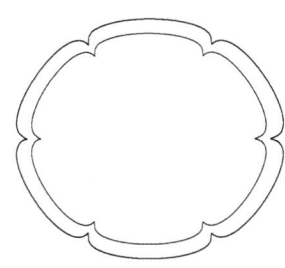

Müsli-Stangen
Seite 40/41
Vorlage auf 200% vergrößern

Vital-Kanten
Seite 48/49

Erdnuss-Marmeladen-Schnecken
Seite 56/57
Vorlagen auf 200% vergrößern

Buchweizen-Amaranth-Ecken
Seite 52/53

Oatmeal-Scones
Seite 54/55

Buchempfehlungen für Sie

TOPP 8015
ISBN 978-3-7724-8015-7

TOPP 8041
ISBN 978-3-7724-8041-6

TOPP 8044
ISBN 978-3-7724-8044-7

TOPP 8035
ISBN 978-3-7724-8035-5

TOPP 8045
ISBN 978-3-7724-8045-4

TOPP 8036
ISBN 978-3-7724-8036-2

TOPP 8018
ISBN 978-3-7724-8018-8

TOPP 8034
ISBN 978-3-7724-8034-8

TOPP 8040
ISBN 978-3-7724-8040-9

TOPP 8043
ISBN 978-3-7724-8043-0

TOPP 8042
ISBN 978-3-7724-8042-2

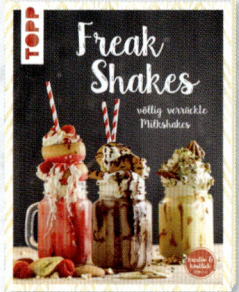

TOPP 8038
ISBN 978-3-7724-8038-6

Kreativ-Bücher finden Sie auf www.TOPP-kreativ.de

Weitere Ideen zum Selbermachen gesucht?

Lieblingsstücke von einfach bis einfach genial finden Sie bei TOPP! Lassen Sie sich auf unserer Verlagswebsite, per Newsletter oder in den sozialen Netzwerken von unserer Vielfalt inspirieren!

Website
Verlockend: Welcher Kreativratgeber soll es für Sie sein? Schauen Sie doch auf **www.TOPP-kreativ.de** vorbei & stöbern Sie durch die neusten Hits der Saison!

TOPP-Autoren
Sie wollen wissen, wer die „Macher" unserer Bücher sind? Wer Ihnen nützliche Tipps & Tricks gibt? Auf **www.TOPP-kreativ.de/Autor** warten jede Menge spannender Infos zum jeweiligen Autor auf Sie. Finden Sie heraus, welches Gesicht hinter Ihrem Lieblingsbuch steckt!

Facebook
Werden Sie Teil unserer Community & erhalten Sie brandaktuelle Informationen rund ums Handarbeiten auf **www.Facebook.com/Mitstrickzentrale**
Wer sich für Basteln, Bauen, Verzieren & Dekorieren interessiert, ist auf **www.Facebook.com/Bastelzentrale** genau richtig!

Pinterest
Sie sind auf der Jagd nach den neusten Trends? Sie suchen die besten Kniffe? Die schönsten DIY-Ideen? All' das & noch vieles mehr gibt es von TOPP auf **www.Pinterest.com/Frechverlag**

Newsletter
Bunt, fröhlich & überraschend: Das ist der TOPP-Newsletter! Melden Sie sich unter: **www.TOPP-kreativ.de/Newsletter** an & wir halten Sie regelmäßig mit Tipps & Inspirationen über Ihr Lieblingshobby auf dem Laufenden!

Extras zum Download in der Digitalen Bibliothek
Viele unserer Bücher enthalten digitale Extras: Tutorial-Videos, Vorlagen zum Downloaden, Printables & vieles mehr. Dieses Buch auch? Dann schauen Sie im Impressum des Buches nach. Sofern ein Freischaltcode dort abgebildet ist, geben Sie diesen unter **www.TOPP-kreativ.de/DigiBib** ein. Nach erfolgreicher Registrierung erhalten Sie Zugang zur digitalen Bibliothek & können sofort loslegen.

YouTube
Sie wollen eine ganz neue Technik ausprobieren? Sie arbeiten an einem spannenden Projekt, aber wissen nicht weiter? Unsere Tutorials, Werbetrailer, Interviews & Making Of's auf **www.YouTube.com/Frechverlag** helfen Ihnen garantiert dabei, den passenden Ratgeber von TOPP zu finden.

Instagram
Sie sind auf Instagram unterwegs? Super, TOPP auch. Folgen Sie uns! Sie finden uns auf **www.Instagram.com/Frechverlag**
Möchten Sie uns an Ihrem Lieblingsprojekt teilhaben lassen? Am besten posten Sie gleich ein Foto mit dem Hashtag **#frechverlag** & wir stellen Ihr Werk gerne unserer Community vor – yeah!

Alles in einer Hand gibt's hier:

Kreativ-Bücher finden Sie auf www.TOPP-kreativ.de

Die Autorinnen

Anne Iburg ist Autorin mehrerer Kochbücher und Ernährungsratgeber. Sie studierte an der Universität Bonn Oecotrophologie und arbeitete in einem Kochstudio und in einem Ratgeberverlag, bevor sie sich vor mehr als zehn Jahren selbstständig machte. Heute lebt sie mit ihrer Familie in Kaiserslautern und kocht und backt für ihr Leben gerne.

Susanne Pypke arbeitet als freie Lektorin und Kreativ-Autorin im Stuttgarter Westen. Ihre Leidenschaft für das Selbermachen hat sie schon früh entdeckt. Nichts war schöner, als an Regentagen zu basteln, in Mamas Nähkästchen zu kramen oder die Gerätschaften in Papas Werkstatt auszuprobieren. Ihr Können setzt sie bis heute in zahlreichen DIY-Projekten um. Ein kleiner Ausschnitt davon ist auf ihrem Kreativblog fraeuleinfloh.blogspot.de zu sehen.

DANKE!
WIR DANKEN DER FIRMA WECK FÜR DIE FREUNDLICHE BEREITSTELLUNG DER GLÄSER.

Impressum

FOTOS: frechverlag GmbH, 70499 Stuttgart; lichtpunkt, Michael Ruder, Stuttgart
PRODUKTMANAGEMENT: Mirjam Buchwald
LEKTORAT: Jan Zlotos und Juliane Voorgang
REZEPTE: Anne Iburg
VERZIERUNGEN: Susanne Pypke
HERSTELLUNG: Katrin Röhlig
SATZ: Fotosatz H. Buck, Kumhausen
DRUCK UND BINDUNG: Finidr s.r.o., Tschechische Republik

Download-Code zum Freischalten der Vorlagen: 17312

Materialangaben und Arbeitshinweise in diesem Buch wurden von den Autorinnen und den Mitarbeitern des Verlags sorgfältig geprüft. Eine Garantie wird jedoch nicht übernommen. Die Autorinnen und der Verlag können für eventuell auftretende Fehler oder Schäden nicht haftbar gemacht werden. Das Werk und die darin gezeigten Modelle sind urheberrechtlich geschützt. Die Vervielfältigung und Verbreitung ist, außer für private, nicht kommerzielle Zwecke, untersagt und wird zivil- und strafrechtlich verfolgt. Dies gilt insbesondere für eine Verbreitung des Werkes durch Fotokopien, Film, Funk und Fernsehen, elektronische Medien und Internet sowie für eine gewerbliche Nutzung der gezeigten Modelle. Bei Verwendung im Unterricht und in Kursen ist auf dieses Buch hinzuweisen.

1. AUFLAGE 2017
© 2017 FRECHVERLAG GMBH, TURBINENSTRASSE 7, 70499 STUTTGART

ISBN 978-3-7724-8039-3 • BEST.-NR. 8039

9